チャンスがやってくる
15の習慣
Skill With People

ダイヤモンド社

訳者前書き

夢を叶《かな》えてくれた、ある本との出会い

渋井真帆

Nさんと初めて出会った場所は、「話し方教室」でした。

当時起業したばかりの私は、いつか自分の手で現在運営しているような、ビジネス教養のスクールを立ち上げたいと志していたものの、現実は、地方の商工団体や自治体のビジネス勉強会にときたま呼ばれるだけの、駆け出しの講師に過ぎませんでした。

飛行機ならば1時間で到着してしまう場所でも、予算の関係で列車、それもなるべく在来線を使うので片道6時間ほどかけて行く。宿泊する場合は、これも予算の関係でシャワーもテレビも故障中、ときには鍵さえ壊れている古いホテルが（ホテルと呼ぶべきかいまだに疑問）用意されていました。要は、そういった待遇がふさわしいと思われていた存在だったのです。

夢を持ち、その夢を叶《かな》えるために起業したものの、自分が手にしている現実と夢の差に気持ちが負けそうになるときがしばしばありました。

何とかこの状況を打破しなければいけない。自分なりにあれこれ考えてみた結論は、「上手な話し方を身につける」というものでした。

当時の私の話し方は、講師という「話」にお金をはらってもらう職業であるにもかかわらず、人を魅了する話し方にはほど遠いものでした。営業する際も、運良くマスコミや企業の教育担当者に会ってもらえても、彼らに「渋井というヤツの提案を聞く時間を持てて有意義だった」と思ってもらえるようなコミュニケーションを取ることができない、当然仕事に結びつかないということが続いていました。

ビジネスで成功するためには話し上手になるのが欠かせない、ということで話し方教室の門を叩いたのですが、そこで生徒として参加していたNさんと出会ったのです。

話し方教室に参加するようになってしばらく後、自分が求めている

「上手な話し方」が、単に発声・発音がしっかりしているアナウンサーのような話し方ではないことに気がつきました。では、自分が求めている「上手な話し方」とは何なのか？　どうもはっきりしません。いつの間にか話し方教室は私にとって思索するだけの場になってしまいました。

あまりの集中力のなさを話し方教室の先生にたしなめられた日の午後、柔らかな物腰の、いかにも仕事のできるベテランビジネスパーソンといった感じのNさんが、おかしそうに話しかけてきました。

「君は話し方教室の内容に満足していない様子のようだね」

「満足しないというわけではないんです。ただ、私が学びたいのはアナウンサーのような発声や滑舌《かつぜつ》で話すことではなく、ビジネスシーンで自分の夢や希望、期待を叶えていけるような話し方だったんだって、教室に参加しているうちに気づいてしまったんです」

「ビジネスシーンで夢や希望、期待を叶えていける話し方というのは具体的にはどんな話し方？」

「それが、具体的に言語化しようとするとうまくいかないんです。ただ、人を動かすことができる話し方だとは思います」

「人を動かすには、その人の気持ちを動かす必要があるよね」

「確かにそうだわ！　きれいな発声や滑舌だけでは、人の気持ちは動かせないと思ったんです。それじゃあ、私が学びたいのは人の気持ちを動かせる話し方ということですね」

「ちょっと待った。そう結論づけるのは早過ぎるというものだよ。

ビジネスを成功させるために人の気持ちを動かすことが求められるシーンは多々ある。だけど人の気持ちを動かすことが目的ではないはずだ。ある目的のために人の気持ちを動かしたいんだよね。その目的とは何か？　わかるかい？」

不思議と、Nさんには私が学びたいと願っているものの正体がわかっているようでした。私は必死で頭をめぐらせました。

「目的はビジネスを成功させるため……ではなく、相手にこちらの望むアクションを気持ちよく取ってもらうためだわ！

そうかNさん、私が学びたかったのは、相手に自分の望むアクションを取ってもらうための、相手の気持ちを動かす話し方だったのですね」

「50点正解といったところだね」

そういってNさんは、聞き方や身振り、そして外見の印象すらも相手の気持ちを動かす要素になることを細かく話して聞かせてくれました。

「相手に自分が望むアクションを進んで取ってもらうための、相手の気持ちを動かすコミュニケーション・スキルというのが答えだ。ビジネスの成功に必要なのは話し方だけではなく、それ以外の要素もひっくるめたコミュニケーション・スキルなんだよ」

私は興奮しました。自分が探し求めていたビジネスの成功への鍵が、この瞬間自分の手に渡されたような気がしたからです。ビジネスだけではありません。そんなコミュニケーション・スキルを身につければ、夫婦や恋愛、友人関係といったプライベートでも充実した人生を過ごせるはずです。

「そんなに興味深く話を聞いてくれるなんて、何だか嬉しいものだね。渋井さん、袖振り合うのも他生《たしょう》の縁だ。よかったらこの本をあげよう」

そう言ってNさんは1冊の洋書をバッグの中から引き出して、手渡してくれました。中を開けると、苦手な英語がいっぱいです。気が滅入りそうになりながらもパラパラめくると、そこにはNさんによる書き込みが(それも英語!)たくさん書かれていました。私がもらった本は単なる本ではなく、ひとりの人間の時間と努力が詰まったものだったのです。

「こんな大切なものを、見ず知らずの私がいただいてしまってよろしいのでしょうか？」

「見ず知らずじゃないよ。話し方教室のクラスメートじゃないか。それにそこに書いてあることはすでに僕の頭の中にはインプット済みだ。

この本の著者は、君が求めているコミュニケーション・スキルを教える専門家だ。クライアントはGE、メリルリンチ、アムウェイ、モービル、ジョンソン・エンド・ジョンソンなど全米トップ700社にのぼるそうだよ。この本自体も累計で500万部のセールスを記録している。ところで渋井さん、今現在の講師としての売上は、いくらくらいかな？」

「250万円くらいです……」

私は情けなさそうに答え、ついでに話し方教室に通った経緯をかいつまんで話しました。

「なるほど。けれど大丈夫。君のビジネス講師としてのコンテンツは面白そうだ。物自体が悪いとどうしようもないからね。あとはラッピングをどうするか考えればいいから、この本の通りに実践すればきっとうまく進むはずだよ。

いいかい、くれぐれも実践だよ。実践すれば、そうだな、講師としての売上は1億円以上にはなるよ。もちろん、その過程で別の収入も君の会社にもたらされるようになるだろうがね」

「1億円以上ですって！　もしその通りになれば、私、自分でこの本の翻訳を出版します」

「ハハハ。君がこの本をモノにして講師としての売上を1億円以上にするのが早いか、別の人間がこの本の素晴らしさに気づいて版権を取って翻訳を出版するのが早いか競争だね。まあ、がんばりなさい。応援しているよ」

——こうして不思議な出会いによって私の手元にもたらされたのが、今回読者の皆さんに紹介する本書、『チャンスがやってくる15の習慣』（原書名：Skill with People）です。

人の縁とは不思議なもので、それ以来、Nさんにはお会いできていません。

「君の仕事に役立つはずだよ」という理由でNさんにご紹介していただいた方々から聞いた話をまとめると、Nさんは当時外資系大手銀行にお勤めで、限られた層にのみコミュニケーション・スキルをレクチャーする仕事に就いていたのでした。つまり、コミュニケーション・スキルの専門家だったのです。日本に「話し方教室」なるものがあると知り、たまたま好奇心から参加していただけだったそうです。

それから数年後、Nさんとの約束を果たす時期が私にめぐってきました。実践の効果が出たのです。どうか日本での版権がまだ空いていますようにと願いながら、ダイヤモンド社の編集者である渡辺氏にこの本の翻訳を出版したいと相談しました。渡辺氏は半年以上かけて版権を追ってくださり、そしてとうとう、こうして読者の皆さんのお手元に届けることが叶いました。

この本の効果を最大限に引き出すために、私から1つだけアドバイスさせてください。

Nさんが念を押して言ったように、とにかく実践が大事です。人間は何を考えているかではなく、どう行動したかでしか判断してもらえないのです。あなたの印象は、最終的には、あなた自身が決めるのではなく、相手が決めるということを忘れてはいけません。

本書の15の習慣を、とにかく何か1つ実行してみてください。それだけで、あれっと思うほど、日常が変わります。私が保証します。

渋井真帆

チャンスがやってくる15の習慣が身についたとき、あなたの中に眠っている素晴らしい才能が覚醒めます。

この15の習慣を実践するかしないかで、あなたのビジネス、家庭、そして社会生活全般のクオリティが、まったくちがった結果になります。

実践しましょう。グッドラック！

Good Luck.

Contents
目次

人間の法則❶

人は何に頼るのか?
(何を基準に買うのか?)

1% —— 味覚

1.5% —— 触覚

3.5% —— 嗅覚

11% —— 聴覚

83% —— 見た目

人間の法則 ❷

人はどういうときに
情報を記憶するのか?

10% ―― 読んだとき

20% ―― 聞いたとき

30% ―― 見たとき

50% ―― 見て、聞いたとき

70% ―― 口に出して言ったとき

90% ―― 口に出しながら、行動したとき

人間の法則 ❸

学ぶ手段	3時間後の記憶	3日後の記憶
聞くだけ	70%	10%
見るだけ	72%	20%
見て、聞く	85%	65%

Skill with People

チャンスがやってくる15の習慣

Skill with People
by
Leslie Giblin

Originally published in Enlgish under the title "Skill with People".

This edition published under licence from:
DreamHouse Publishing
2100 Blossom Way South, St Petersberg, Fl 33712

Published in Japan by:
Diamond, Inc.
6-12-17 Jingumae, Shibuya-ku, Tokyo 150-8409, Japan
through Tuttle-Mori Agency, Inc., Tokyo

習慣1

人は自分にしか興味がない、と知っておく

よい人間関係を築くための第一歩は、人間とは何か、人間の本性とは何かを、きちんと理解することです。

人はどうしてそんなふうに行動するのか？　状況が違えば反応がどう変わるのか？　またそれはなぜなのか？——それが理解できていないと、人とのふさわしい接し方もよくわかりません。人間とは何かを知ることが、よい人間関係を築くためのスキルを身につける上で必要不可欠なのです。

Understanding People and Human Nature

ところで、人間の本性を理解するとはどういうことでしょうか？　たとえば、今あなたがある人物を相手にしているとしましょう。その人物がどういう人間であるかは、あなたが相手をどんな人間と考えるかでも、相手にどんな人間であってほしいかでもありません。理解するとは、その人物をその人物として受け入れることから始まります。

それでは、人間の本性とは何でしょうか？

人間とは、
もともと自分のことしか考えない生き物です。
関心があるのは自分自身であって、
そもそも他人に興味はありません。
これが人間の本性です。

別の言い方をすれば、
相手はその人自身のことを考える1万分の1も、
あなたのことを考えてはいないものです。
この場合、逆も真なりです。
あなたも、世の中の誰よりも
あなた自身のことに、
はるかに関心を持っているはずです。

人はこのような本性を持っているわけですから、その行動もその人自身の考え方や利害に左右されます。

たとえば、寄付する場合を考えてみましょう。人が寄付するときにいちばん考えているのは、その寄付がどれほど役立つかではありません。それは二の次で、ほとんどの人の頭にあるのは、寄付することによって自分が役に立ててうれしいという満足感なのです。人間は自分中心に行動する、このことをしっかりと頭に入れておきましょう。

このように言うと、なんだか恥ずかしくてうしろめたくなってくる人もいるでしょう。でもそんなふうに感じる必要はありません。人というのは、誰も似たりよったりで、みんなこの本性を持って生まれてくるのです。人類が誕生してからずっと、人間というものは利己的でしたし、きっと人類が絶滅するまで、それは変わらないでしょう。

人間はもともと自分のことしか考えないものだということをはっきりと認識する。それが、チャンスを呼ぶ習慣の基本です。

この基本を踏まえてこそ、よい人間関係を築く上でのパワーとスキルを身につけることができます。以降で述べる習慣も、この人間の本性が前提です。

あなたの目の前にいる相手は、
自分自身のことに関心を持っているのであって、
自分以外の人、
つまりあなたのことには関心がないのです。
このことをしっかりと胸に刻んでおきましょう。

習慣②

相手のことだけ話題にする

人と話すとき、どんな話題がいいでしょうか？　言うまでもなく、相手にとって最も関心のある話題を取り上げることです。それでは、相手にとっていちばん関心があることと言えば、それは何でしょう？

それはもちろん、その人自身のことです！

相手のことを話題にすれば、それはその人にとっていちばんの関心事ですから、相手は身を乗り出してきて、その話題にすっかり夢中になる

How to Skillfully Talk to People

はずです。そしてそんな楽しい話題を持ち出したあなたを、感じのいい人だと思うことでしょう。

相手のことを話題にしている間は、相手のちょうど痒《かゆ》いところをかいてあげているようなものです。人間の本性をうまくついて仕事をしているのです。

でも、相手のことではなくあなた自身のことを話し始めたら、それは、人間の本性に逆らって仕事を進めようとしていることになります。痒くもないところをかかれてもいい気持ちにはならないでしょう。

相手のことを話題にするには、たとえば、

「これはあなたのためなのです」

「そうなされば、あなたの利益になります」

「これであなたの家族が喜ばれることでしょう」

「どちらを取っても、あなたにはメリットがあります」
などと言いましょう。

自分のことを話したいというのは人間の本性ですから、あなた自身も自分のことを話していれば楽しいはずです。けれども、それで得られる満足感をあきらめて、『私』という言葉を使わないでおけるなら、相手にとって好ましい話し相手となり、よい人間関係が築けるようになるのです。

といっても実際に行動に移すのは、なかなかむずかしいでしょうし、経験も積まなければならないでしょう。しかし、その苦労に見合う、じゅうぶんなご褒美が待っています。

次の言葉を
あなたのボキャブラリーから削除しましょう。

私。

その代わりに次の言葉を使ってみてください。
人間が口にする言葉の中でも、
最強のパワーを発揮する言葉です。

あなた。

さて、「最大の関心事は自分のこと」という人間の本性を使って、会話上手になるには、もうひとつ便利な方法があります。それは、相手に自分自身について話してもらうという方法です。なにしろ自分のことを話したいというのもまた、人間の本性なのですから。

相手が自分について話し始めるよう仕向けられたら、あなたは相手にとって好ましい話し相手ということになります。

たとえば、次のような質問をしてみたらどうでしょうか。


「高橋さん、ご家族の皆さんはお元気ですか？」

「この会社に入ってもう何年ですか？」

「山川さん、そのことについて、どうお考えですか？」

「社会人になられた息子さんは、どうされていますか？」

「結婚されたお嬢さんは、今どちらにお住まいですか？」

「最近、趣味のゴルフはされていますか？」
「ご旅行はいかがでしたか？」

ところで、たいていの人は、たとえ相手と話している場合でも、自分のことに気を取られています。お互い自分のことしか考えていないのですから、相手に対して強い印象を与えられるはずがありません。けれどもあなたが相手のことを中心に考えることができれば、状況が変わって、相手によい印象を与えられるようになるのです。

肝心なのは、あなたがその話題を気に入るかどうかではなく、あなたの話し相手が、それを気に入るかどうかなのです。

人と話すときは、相手のことを話題にする、または、相手に話してもらう、この2つがポイントです。それができれば、あなたは会話の名手となります。

習慣3 認められている、と相手に感じさせる

人間は誰でもあるひとつの願望を持っています。おそらくあなたも例外ではないでしょう。

自分は価値ある人間だと思われている——そう相手が感じれば感じるほど、相手はあなたに好意を抱くようになります。たいていの人はそれなりの人物として扱われたいと望んでいます。「顔を立てる」という表現があるのも、うなずけるでしょう。

人間なら誰しも、
価値のある人間でありたい、
みんなに認められたいという願望を持っています。
この願望はとても強いので、良くも悪くも、
行動に大きな影響を及ぼしています。

よい人間関係を築きたいと思ったら、
あなたがその人の価値を認めていると、
相手に知らせることが肝心です。

取るに足りない人物だと思われたい人はいません。無視されたり軽視されたりすると、自分がどうでもいい人物とみなされていると感じます。

あなたがあなた自身にとって大切であるように、相手にはその人自身が大切なのです。ですからこのことを心に留めておけば、よりよい人間関係を築く上で、大いに役立ちます。

大切に扱われている――そう相手に感じさせるための7つの秘訣があります。

「大切です」を
伝える秘訣①

相手の話に耳を傾ける。

話を聞いてもらえないとき、
自分はどうでもいい人物なのだと感じさせられます。
ですから、相手を大切に扱っていることを示すいちばんの方法は、
相手の話に熱心に耳を傾けることです。
（『習慣⑤』参照）

「大切です」を
伝える秘訣②

相手をほめる。

相手がよいことをしたときには、
ほめましょう。

「大切です」を
伝える秘訣③

話しかけるときには、相手の名前を呼び、折に触れて、相手の写真を使う。

名前をきちんと呼ばれたり、
自分自身の写真を見せられたりすれば、うれしいものです。
人は、そうしてくれた人に好意を持ちます。

「大切です」を
伝える秘訣④

答える前に間を置く。

答える前に、
間を置いて相手の話を考える時間を取りましょう。
そうすれば、相手は、自分が熟考に値する意見を言ったのだという
印象を受けます。

「大切です」を
伝える秘訣⑤

相手のことを話すための言葉
『あなた』を使う。

『私』を使ってはいけません。

「大切です」を
伝える秘訣⑥

人を待たせたことをきちんと認める。

やむを得ず人を待たせた場合は、
待ってもらっていたことをわかっていると相手に知らせましょう。
そうすれば、相手は大切に扱われているとわかります。

「大切です」を
伝える秘訣⑦

グループで話す場合は、
グループの
ひとりひとりに気を配る。

グループのリーダーや、
主に発言する人だけに気を取られないようにしましょう。
グループはひとつであっても、複数の人間を
相手にしているのです。

習慣4

とにかく、同意する

よりよい人間関係を築けるようになるために、どうしても避けては通れない関門があります。それは同意のスキルを身につけることです。

たいていの人は、

・自分に同意してくれる人に好感を抱く。
・自分に反対する人は嫌いになる。
・自分が反対されるのは嫌だ。

という傾向があります。

ですから、人とうまく接したいと思うなら、まず相手に同意することです。同意するだけで、よい人間関係が作れるのですから、とても単純なスキルなのに、これほど人生に役立つものは他にありません。よい人間関係を築く上で最強のスキルと言えるでしょう。

そうは言っても、普通は、反対する方がはるかに簡単です。なにしろ反対するのは、何も考えていなくてもできるのですから。ところが、同意するためには、賢明で頭が切れ、心が広くなくてはなりません。とりわけ、相手の意見がまちがっているのに同意するのは、たいへんむずかしいことではないでしょうか。

同意できる人間になるためには、次の6つの心得があります。

同意できる人
になる心得①

同意する習慣が身につくよう努力する。

心の中に、
自分が同意している姿を焼き付けましょう。
自然体で同意できる人間になるよう、
同意する訓練を積みましょう。

同意できる人
になる心得②

同意するときは相手にそれを知らせる。

同意できるだけでは
じゅうぶんではありません。同意していることが
相手に伝わらなければ意味がありません。
同意しているとわかるように、うなずきましょう。
相手の顔をしっかりと見て、
「あなたに賛成します」とか「あなたのおっしゃる通りです」と、
はっきり口に出して言いましょう。

同意できる人になる心得③

相手に同意できなくても、どうしても必要な場合を除いて、反対しない。

たとえ相手に同意できなかったり、
相手の意見のうち同意できないものが
いくつかあったりする場合でも、反対しないでおきましょう。
もちろん、どうしても反対しなければいけないときもあります。
それは仕方ありません。でも、そういう場合は、
驚くほど少ないはずです。

同意できる人
になる心得④

自分が
まちがっているとわかったときは、
すなおに認める。

まちがった場合は、
「私のミスです」、「私がまちがっていました」などと、
必ずきっぱりと言いましょう。
自分のまちがいをすなおに認めるのは、
器の大きな人物にしかできないことです。
ですから、それができる人間は尊敬されるのです。
たいていは、うそをつくか、ごまかすか、
言い訳をするものです。

同意できる人になる心得⑤

自分の意見を一方的に主張するのを控える。

たとえ自分が正しくても、
言い立ててはいけません。
一方的な主張をしても、
それでは相手を納得させられませんし、
友人も得られません。人間関係を築く上で、
もっともまずい方法と言えるでしょう。

同意できる人
になる心得⑥

けんか好きの人間には、取り合わない。

けんかが好きな人がやりたいことは、
ただひとつ。けんかです。
そういう人間を相手にする場合は、
けんかを買わないのがいちばんです。
相手はぶつくさ言ったり、いらいらして
怒り出したりするかもしれませんが、そうなれば、
相手がばかみたいに見えるだけです。

習慣5
聞き役に徹する

人間の本性を思い出してみましょう。人は自分のことにいちばん関心があるのですから、人が話を聞きたいと思う話し手というのは、とりもなおさずその人自身です。そして人は、自分の話をちゃんと聞いてもらえると、とてもうれしい気持ちになって、聞いてくれた人に好感を持つものです。

さらに、人の話をよく聞くほど、知識が増え、賢くもなれます。そうなると話し手としても、ますますみがきがかかり、そのうえ、相手からは好かれるようになるのです。したがって、聞き上手な人は、優れた話し手よりも、はるかによい結果を得られるわけです。

ところで、相手の話をただ聞くだけでは、聞き上手とは呼べません。よい聞き手になるために、5つのルールがあります。

聞き上手のルール①

話している人の方をきちんと見る。

聞くに値する人は、見るにも値します。

聞き上手のルール②

話し手の方に体を傾け、熱心に聞く。

ひとことも聞き漏らさないという意思を、
態度で示しましょう。

聞き上手のルール③

質問する。

質問すれば、
一生懸命聞いていたことが、相手に伝わります。
質問は最高のお世辞に値します。

聞き上手
のルール④

相手の
話題の腰を折らないようにし、
別の話題を持ち出さない。

どんなに話したい話題があっても、
相手がすべて話し終わるまで、
話題を変えないようにしましょう。

聞き上手のルール⑤

相手の言葉『あなた』を使う。

『私』という言葉を使ってしまったら、
相手から自分に視点を移したことになります。
つまり相手の話を聞いているのではなく、
こちらが話していることに
なってしまうのです。

こうして5つのルールを並べてみると、行儀よく聞くときのマナーそのものです。マナーを守っていれば、本当にいいことがあるものです。

習慣6

相手の求めているものを見つける

自分のやってほしいことを相手にしてもらうには、どうしたらいいでしょう？

まず相手が求めているのは何か、それを見つけ出しましょう。

これは最初の一歩ですが、とても大きな一歩となります。というのも、相手をその気にさせるものが何かわかれば、こちらの出方も考えられるからです。

How to Skillfully Influence People

人にはそれぞれ好みがあり、価値観もさまざまです。自分が好きだから相手も好むはずだとか、自分と同じものを相手も求めているにきまっているとか、まちがってもそんなふうに考えてはいけません。

人はみんなちがうのだということを肝に銘じて、相手が何を求め、何を好きか見つけ出しましょう。

相手が何を求めているかがわかれば、
相手が聞きたいと思う内容を話せます。
それによって、
相手をその気にさせるというわけです。
こちらがやってほしいことをすれば、
求めているものが手に入ると、
相手に示せばいいのです。

これが人を動かす秘訣です。当然、あなたが相手の望みをよく知っていて、話す内容が的外れでないことが肝要です。

どういうことか、例を取ってみましょう。

あなたの会社が、ある優秀なエンジニアを雇おうとしている場合を考えます。このエンジニアには、他にも数社から引き合いが来ているとしましょう。

『相手が求めているものは何かを見つける』のですから、そのエンジニアがどんな環境で働きたいのか、どんな地位につきたいのか、何にいちばん魅力を感じるのかを見極める必要があります。

そのエンジニアが、昇進の機会が多い会社を希望しているとわかったら、あなたの会社には、どのくらい昇進の機会があるかを示せばよいのです。もし相手が雇用の安定を望んでいるのなら、それについて話せばいいし、より高度の教育や経験を望んでいるのなら、それについて話せばいいのです。つまり、求めているものを手に入れるためには、あなたがやってほしいこと（この場合はあなたの会社で働く）をすればいいのだと相手に示すのがポイントです。

これを反対の立場から考えてみましょう。

あなたがどうしても働きたいと考えている会社があるとします。求められている技能や職種や責任がわかれば、あなたこそ、その会社が求める人材だと示せばよいのです。

電話で顧客に応対できる人間が求められているのなら、自分はそれが得意だ、もしくはその経験があると言えばいいのです。相手の求めているものがわかれば、相手の聞きたがっている内容を話せるのです。

相手が何を求めているかは、
相手に質問したり、
相手をよく観察したり、
相手の話を注意して聞くことによって、
知ることができます。
もちろん、
簡単にはわからない場合もあるでしょう。
知るための努力を惜しまないことです。

習慣7

あなたの意見は「ある人の意見」として語る

相手を説得したいというときに、自分に都合のいい話ばかりしていると、相手は、話の内容だけでなく、あなた自身までもうさんくさいと感じるようになります。それが人間というものでしょう。

実は、自分に有利な内容を話していても、相手にうさんくさいと感じさせない方法があります。

それは、あなたの意見として話すのではなく、誰か別の人に語ってもらう方法です。その誰かがその場にいる必要はありません。その人の名前を借りて話すのです。

たとえば、あなたの売ろうとしている製品が長持ちするかと聞かれたら、次のように答えたらいいのです。

「私の隣に住んでいる人が、4年前から同じものを使っていますが、ずっと調子がいいとおっしゃってます」

その隣人はその場にいるわけではありませんが、質問に答えていることになります。

あなたが新しい職場である地位を求めている場合を考えてみましょう。新しい雇用主があなたにその仕事ができるかどうか迷っているとしたら、あなたは、以前の雇用主が自分の仕事ぶりにどれだけ満足していたかを話せばいいのです。

たとえばあなたがアパートを経営していて、部屋を見にきた人が、静かな環境かどうか心配しているときは、これまでの住人は静かで快適な住まいだと話していた、と言えばいいのです。

以上のように、あなた自身が質問や疑問に答える必要はありません。隣人やかつての雇用主や以前の住人が、代わりに答えてくれるのです。そうすれば、相手は、あなたが答えるよりもずっといい印象を持つでしょう。

考えてみれば変な話ですが、人は、あなた自身が話すことには疑いを持っても、同じことを他人の言葉として聞いた場合は、少しの疑いも持たないものなのです。

うまくいった話と関連づけたり、事実や統計を引用したりして、人の言葉を借りましょう。

ここでのスキルは、
第三者の口を借りて話すことです。

習慣8

「ノー」とは言わせない状況にする

こちらがやってほしいと思うことを相手にしてもらうためには、つまり、「イエス」と言ってもらうためには、どうしたらいいでしょうか？

運や相手の気まぐれに頼る前に、することがあります。それは、相手が「イエス」と答えやすい環境を整えることです。

「イエス」と答えてもらえる可能性がぐんとアップする方法をいくつか紹介しましょう。

「ノー」と
言えない状況①

「イエス」と言う理由を示す。

人間の行動にはすべて理由があります。
ですから、人に何かをしてもらいたいときは、
その人がそれをしなければならない理由を
示せばいいのです。

言うまでもなく、「イエス」と答える理由は相手にとっての理由でなくてはなりません。
あなたの有利に働き、あなたの利益になるような理由では、相手を動かすことはできません。

相手の有利に働き、相手に利益があるような理由が必要です。
手っ取り早く言えば、あなたがやってもらいたいことをすれば、相手にとってどんな利益があるのかを話せばいいのです。

あなたにどれほど利益があるかという話はご法度です。

「ノー」と
言えない状況②

「イエス」としか答えられない質問をする。

あなたのやってもらいたいことに
「イエス」と答えてもらおうとするとき、まず、相手の心に
「イエス」と返事をするイメージを植え付けましょう。

相手が「イエス」と簡単に答えられる質問を、2つか3つすればいいのです。たとえば次のような質問です。


「ご家族が幸せに暮らせるよう、お望みですよね？」

（もちろん、「イエス」）

「お手持ちの資金から最大の利益を引き出したいのですね？」

（もちろん「イエス」）


このように「イエス」としか答えられないような質問をして、相手の心の中に「イエス」と答える雰囲気作りをします。そうすれば、あなたのやってもらいたいことに「イエス」と言ってもらえる可能性が高まります。

「ノー」と
言えない状況③

「イエス」と
言ってもらうための質問をするときは、
確実を期すため、ちょっとした工夫を。
質問しながら、
「イエス」と言うようにうなずきましょう。
質問は、
「あなた」という言葉から始めましょう。

「あなたは、最高の商品をお望みですね?」

(「イエス」と言うようにうなずきます)

「あなたは、安定した将来を望んでいますね?」

(「イエス」と言うようにうなずきます)

「ノー」と
言えない状況④

どちらを選んでも、答えが「イエス」となる二者択一の質問をする。

相手に二者択一の質問をします。
ただし、どちらを選択しても
「イエス」という結果になるような質問にしましょう。

相手に頼みごとをする場合、イエスかノーで答える質問だと、「イエス」という答えならいいのですが、「ノー」という答えだとこちらの頼みを聞いてもらえないことになります。それに比べると、二者択一の質問は、よい結果を得られる可能性が高くなります。

たとえば、山本さんと会う約束を取りつけたい場合を考えてみましょう。たいていの場合は、「会ってもらえるかどうか」を尋ねるものですが、その聞き方だと、イエス（つまり会えるか）、ノー（つまり会えないか）の選択肢を与えることになります。

要するにイエスという返事をもらう可能性が減るのです。

けれども、次のように聞いたらどうでしょうか？

「山本さん、ご都合がいいのは、今日の午後でしょうか？　それとも明日の午前か午後の方がよろしいでしょうか？」

これは、会う時間を選択してもらう質問です。いずれの場合も会えるので、「イエス」の答えとなります。

このように、どちらの答えを選んでも、こちらがしてほしいことをせざるを得ないような質問をしましょう。

◎「黒いのがお好みですか？
それとも白がいいですか？」
×「どれかお好みのものはありますか？」
◎「仕事を始めるのは明日からになりますか？
それとも明後日からですか？」
×「この仕事を引き受けてもらえますか？」
◎「食後は、コーヒーになさいますか？

それとも紅茶にされますか？」

×「何か食後のお飲み物はいかがでしょうか？」

二者択一の質問で「イエス」の返事をもらう方法は、いつでも成功するとは限りませんが、さまざまな場面で役立つことでしょう。またイエスかノーで答える質問に比べると、はるかに成功率が高いのです。

「ノー」と
言えない状況⑤

相手が「イエス」と答えると確信を持って質問する。そのとき、あなたが「イエス」という返事を確信していることを、相手に知らせる。

相手が「イエス」と言うと思っているだけでは、
単なる思いこみに過ぎません。
しかしこれは、そこから一歩進んで、
「イエス」という返事を確信していると
相手に知らせるのです。
これには、「イエス」の答えを確信されているという
強い印象を相手に植え付ける意味があります。

ほとんどの人は「どっちでもいい」という中立的なところから出発しますから、あなたが「イエス」という返事を確信していると、相手に伝えることができれば、たいていの人は、迷ったりしないものです。

実はこれは人間の心理をうまくついて、「イエス」という返事を誘導する方法です。簡単な方法なので、何度か試してみて、いくつか成功すれば、すぐに身につくでしょう。

習慣9

会った瞬間に笑顔を向ける

10人中9人までが会った瞬間にあなたを好きになってしまう——実はあなたには、そんな魔法の力が備わっています。

さらにあなたには、会った瞬間に相手を親切で友好的にする力まであるのです。

その力を使うためには——

①どんな人間関係も、
最初の数秒で
その後の雰囲気が決まってしまうことを
頭に入れておきましょう。

②人は、相手の態度を見て、
それと同じように行動する傾向が強いという
法則を利用しましょう。

会った瞬間に、挨拶よりも何よりも、
まず目を合わせ、
心からの笑顔を向けましょう。

さて、次に何が起きるでしょう？

相手もあなたと同じ行動を取るわけですから、あなたの笑顔に笑顔で返してきます。しかもあなたの笑顔に迎えられて、気分もよくなっているはずです。

人が人と関わるとき、そこには必ず雰囲気が生まれます。この雰囲気は、あなたでも、相手でも、どちらでも作ることができます。どうせなら、あなたの有利になるように、あなたが雰囲気を作りましょう。

では、どのように雰囲気作りをすればよいのでしょう？

相手は、あなたの態度を見て、それと同じように行動します。あなたが太陽のようにあたたかく接すれば、相手も日光を返してきます。けれども、北風を送れば、北風を返してくるのです。

こちらと同様の態度が相手から返ってくることを念頭に置いて、行動しましょう。

ところで、この雰囲気作りは、タイミングが肝心です。会ったら、何か言う前に、まず笑顔を向けるのがコツです。それであたたかい友好的な雰囲気が生まれます。

また、声や表情はあなたの内心の情をあらわにしますから、声の調子や顔の表情も重要です。

人と会うときは、プロのモデルにならって、晴れやかな笑顔から始めることを常に忘れないでください。そのためには、心の中でひとこと、呪文をつぶやけばいいのです。

「はい、チーズ」

これは効果抜群ですよ。

習慣10

1日に3人、ほめ言葉をかける

「人はパンのみにて生くる者にあらず」と言います。

栄養は体だけでなく心にも必要です。やさしい言葉をかけられたり、ほめられたりすると、どんな気分になるか思い出してみてください。そのひとことでとてもうれしい気分になって、その気分がずいぶん長く続くものです。

もちろん誰でも同じように感じます。ですから、まわりの人にも、その人が聞きたいと思うようなやさしい言葉をかけましょう。その言葉で、相手はあなたを好きになるでしょう。さらに、その言葉をかけたあなた自身もよい気分になるはずです。

ほめ言葉は出し惜しみしないでください。まわりの人をよく観察して、ほめる点を探し出し、実際にほめましょう。

ただし、ほめ方にはルールがあります。

ほめ方の
ルール①

ほめるときは心からほめる。

心にもないことを言ってはいけません。

ほめ方の
ルール②

その人自身をほめるのではなく、その行動をほめる。

行動をほめれば、
相手が恥ずかしがったり、
戸惑ったりすることはなくなります。
しかもその人をほめるよりずっと誠意が伝わります。
ごますりと陰口をたたかれることもありません。
さらには、ほめられた人にとっても、
その行動をずっと続ける
励みになります。

◎「山口さん、あなたのここ1年の業績を、本当に見習いたいです」
×「山口さん、あなたは本当によく働きますよね」
◎「田中さん、先日のプレゼンは、完璧でしたよ」
×「田中さん、あなたは有能ですね」
◎「今井さん、お宅の芝生と花壇は、実に見事ですね」
×「今井さんは、ガーデニングがお好きなんですね」

ほめるときは、漠然とした言い方をしないで、ピンポイントでほめましょう。

1日に少なくとも3人にやさしい言葉をかけるのを日課にしましょう。そして、あなた自身がどう感じるか、実際に体験してみましょう。ほめ言葉をかけた相手が、幸せな気分になっていたり、うれしいと感じていたりしているのがわかれば、あなたの気分もよくなります。ほめられるより、ほめる方がずっと楽しいものです。

きっと、これがあなたの幸福の秘訣になりますよ。ぜひ試してみてください。

習慣 11

相手のミスに、怒りで反応しない

ミスを指摘して、相手を納得させられるかどうかの鍵は、ミスを指摘する側の心の持ちようにあります。

相手をしかりつけたり、やりこめたり、身のほどを思い知らせたりしようとするなら、あなたは怒りをぶちまけて満足感を得るかもしれませんが、相手が憤慨してしまって、何の進展もないでしょう。ミスを指摘されて喜ぶ人はいないからです。

けれども、相手のミスを正したい場合、きちんとしたやり方でミスを指摘すれば、よりよい結果が得られます。

ミスを指摘して相手を納得させるためには、必ず守らなければならない7つのルールがあります。

ミスを納得
させるルール①

そばに誰もいない場所で行う。

部屋のドアは閉めておきましょう。
誰も聞いていないことを確認し、
決して声を荒らげないよう注意しましょう。

ミスを納得
させるルール②

ミスを指摘する前に、必ずねぎらいの言葉や、ほめ言葉をかける。

相手の受ける衝撃を和らげるため、
友好的な雰囲気を作っておきましょう。
（言葉は悪いのですが、ムチの前にアメを与えます）

ミスを納得
させるルール③

その人個人を批判するのではなく、行動を批判する。

批判されるべきは、行動であって、
その人自身ではありません。

ミスを納得
させるルール④

解決方法を示す。

相手のやり方がまちがっている
と指摘するのですから、
何が正しい方法なのか、示しましょう。

ミスを納得
させるルール⑤

命令するのではなく、協力を求める。

命令するよりも
頼む方がずっと理解を得られるものです。
命令するのは、最悪の方法です。

ミスを納得
させるルール⑥

1回のミスにつき、批判は1度まで。

批判が正当化されるのは、1度だけです。

ミスを納得させるルール⑦

なごやかな雰囲気でしめくくる。

「私たちは仲間なんだから、いっしょに問題を解決して、お互い助け合って仕事を進めていこう」
という調子で、しめくくりましょう。

「何度言ったらわかるんだ。いいかげん、しっかりしろ」
という口調はやめましょう。

これが7つのルールの中でいちばん大切なものです。

習慣12

「ありがとう」と、声に出す

相手のしてくれたことがうれしかったり、ありがたいという気持ちになったりしたときは、心の中にしまっておかず、それをきちんと伝えましょう。

人というものは、感謝されると幸せな気分になって、感謝してくれた人を好きになるものです。

しかも、その感謝の気持ちにまた応えたくなるのが人情というものではないでしょうか。いっそう誠意を尽くすこともあるでしょう。

しかし、心の中では感謝していても、その気持ちを行動で伝えなかったらどうでしょう?

次回はそれまでのようにきちんとやってもらえないかもしれませんし、悪くすると、何もしてもらえないかもしれません。

けれども、感謝の気持ちを行動で表わしたら、たいていの人は、次回はもっとがんばってくれます。

「ありがとう」は、口に出すことが重要です。

ところで、「ありがとう」と言うのにも、やはりスキルがあります。

感謝が伝わる
スキル①

心をこめて「ありがとう」と言う。

誠意を持って感謝しましょう。
心にもないことを言っていると、相手にはそれとわかります。
感謝に誠意が加わってこそ、
感謝の気持ちをくみとってもらえるのです。

感謝が伝わるスキル②

感謝の言葉は明確にはっきりと言う。

ぼそぼそと小声で言ったり、
曖昧に言葉をにごしたりしてはだめです。
「ありがとう」と言えてうれしいという口調で
はっきりと言いましょう。

感謝が伝わる
スキル③

相手の顔をきちんと見る。

相手の顔をきちんと見て感謝すれば、
こちらの真摯な思いが表わせます。
感謝に値する人は、見るにも値するものです。

感謝が伝わるスキル④

名前を呼んで感謝する。

その人に感謝していることを
はっきりさせるため、その人の名前を呼びましょう。
「ありがとう」とただ言うのと、
「渡辺さん、ありがとう」と言うのでは、
雲泥の差があります。

感謝が伝わる
スキル⑤

感謝する訓練をする。

「ありがとう」という機会がないか、
いつも気をつけていましょう。
形に現われるはっきりとしたことに対しては、
誰でも「ありがとう」と言えます。
けれども、目に見えないことにまで、
感謝の気持ちを表わせるのは、
感謝の達人だけです。

ここに述べたことは、みなちょっとした心遣《づか》いでできる簡単なものです。けれども、よい人間関係を築く上で、「ありがとう」ときちんと言える能力くらい大切なものはありません。

これをマスターすれば、一生の貴重な財産となることでしょう。

習慣13

自分には価値がある、と信じる

相手が自分にどういう印象を持つのか、初対面の人なら、誰でも気になるところです。

実は、自分の印象は少なからず、自分自身で左右することができます。相手が誰であろうと、出発点ではみな見知らぬ人です。ですから、どのような印象を与えるかは、自分自身がどうふるまうかによってちがってくるのです。相手に好印象を与えるようにふるまうのが、いちばんいいというわけです。

How to Skillfully Make A Good Impression

相手によく思われたいとか、敬意を払ってもらいたいとか、感心されたいと思うのなら、あなたがそれにふさわしい人物であるという印象を相手に与える必要があります。

これは、何よりもまず、あなたが、あなた自身にどのような価値を見出しているかにかかっています。

自分がどういう人間で、どんなことをしているかということに自信を持ちましょう。ただしうぬぼれは禁物です。また、現在の社会的地位や今の境遇を弁解してはいけません。あなたはかけがえのないあなたなのですから、自分に誇りと敬意を持って、行動しましょう。

たとえば、職業を聞かれたとき、どう答えるかがポイントです。保険の外交員をしている場合を考えてみましょう。何をしているかと聞かれたら、どう答えますか？

「私は、ごく普通の保険の外交員です」

これでは、相手がよい印象を持つはずがありません。自分から、取るに足りない人物だと言っているようなものです。

自分に誇りを持ち、敬意を払うこと。このルールに沿って、自分を紹介しましょう。

「私はＡＢＣ保険で働いています。今、ＡＢＣ保険では、○○に意欲的に取り組んでいます」

最初の答えと2番目の答えとでは、相手はまったくちがった印象を受けます。後者の答えの方がはるかに好ましいのはおわかりでしょう。

その他にも次のようなルールがあります。

あなたの価値を
高めるルール①

率直《そっちょく》に話す。

みえすいたお世辞や、空約束、
意味のないことを言うのはやめましょう。
本当のことだけを言いましょう。
自分で言っていることを
信じましょう。

あなたの価値を
高めるルール②

意気込みを示す。

自分の仕事に
どんなに熱意を持っているか示しましょう。
意気込みは相手に伝染します。
あなた自身の意気込みを買ってもらって初めて、
商品であれなんであれ、
あなたの売るものも買ってもらえるのです。
自分のしていることを売り込めばそれでいいので、
簡単に実践できますが、
たいへん有用なスキルです。

あなたの価値を
高めるルール③

心配しすぎない。

人前で、不安なそぶりを
見せてはいけません。こちらが過度に心配していると、
相手は迷い始め、疑いを持つようになります。
あなたが神経質になっていると感じたら、
どんなことをするにしてもためらうようになります。
うさんくさいと感じるようになり、より厳しい条件を
課してくるでしょう。名優になりきって
不安を隠しましょう。

あなたの価値を高めるルール④

他人をおとしめて、自分を偉く見せようとしない。

自分をよく見せるために、
他人の悪口を言ってはいけません。
自分をよく見せるために他人をおとしめれば、
話題の中心は、あなたでなく、その他人に移ってしまいます。
より素晴らしい人生を手に入れられるかどうかは、
あなた自身の努力と価値で決定されます。
たとえ他人の屍を乗り越えて先に進んだとしても、
得られるものではありません。

あなたの価値を
高めるルール⑤

人や物を悪く言わない。

けなすこと自体よいことではありませんが、他にも
重要な理由があります。人や物をけなすと、
それはブーメランのように返ってきて、
結局は自分が傷つくことになります。
悪口は、自分の人間性があらわになるだけです。
いいことが言えないなら、口を閉じておきましょう。
けなしてはいけません。

習慣14

5つのルールを守って話す

優れた話し手とそうでない話し手はどこがちがうのでしょうか。これから述べる5つのルールを理解すれば、あなたは優れた話し手となれるでしょう。

How to Skillfully Make A Talk

話し上手のルール①

話す内容をきちんと知っておく。

言うまでもないことですが、
何を言いたいのか自分でも正確につかめていない場合は、
話すために立ち上がったり、
口を開いたりしないことです。
知識や情報に基づいて、自信と威厳を持って話しましょう。
それができるのは、話す内容を、
きちんと把握しているときだけなのです。

話し上手の
ルール②

言いたいことを言ったら、すぐ終わる。

要点を簡単にまとめて、
要領よく話し、すぐに話し終えましょう。
話が短いからと言って、文句を言う人間はいません。
もっと聞きたいというときには、そのように頼まれるはずです。
発言の場をあとの人にいさぎよくゆずりましょう。

話し上手の
ルール③

聞いている人の顔を見ながら話す。

これはとても大切なルールなので、
何度言っても言い足りないくらいです。
文章をそのまま読み上げる人の話を聞いても、
おもしろくも何ともないことを思い出してみてください。
話をしたいと思う相手なら、
見るにも値します。

話し上手の
ルール④

聞き手が聞きたがっていることを話す。

重要なのは、
あなたが何に興味があるかではなく、
聞き手が何に関心を持っているかです。
聞き手の心をつかみ、聞き手から好かれる話し手になる必勝法は、
聞き手が聞きたい内容を話すことです。
聞き手の興味が何より大切だということを、
くれぐれも忘れないように。

話し上手の
ルール⑤

演説をしようとしない。

そもそもきちんとした演説のできる人は少ないものです。
ですから熱弁をふるおうなどとは思わず、
普通に話しましょう。
あなたなりの言葉を使って、
力まずに話してください。
あなたの意見を言うのですから、
それでいいのです。
言うべきことを、自然体で話しましょう。

習慣15

この習慣を実践する

Some Final Thoughts For You

知識自体には、なんの価値もありません。知識は使うことによって、価値が生まれるのです。

それと同様に、人生の価値は、あなたが何を知っているかということではなく、あなたが何をしたかという行動で決まるのです。

本書で述べた知識は、よりよい生活や、より多くの友人、成功と幸福を導く鍵です。

くれぐれも、この知識は、覚えるだけでは価値のないことを、忘れないでください。

あなたとあなたの家族のために、
実践しましょう。グッドラック！

Good Luck.

［著者］

レス・ギブリン

1965年の米国セールスマン・オブ・ジ・イヤー。本書『チャンスがやってくる15の習慣』は、コミュニケーションの教本として成功者たちに読みつがれ、累計500万部を記録。

彼のクライアントは、GE、メリルリンチ、アムウェイ、モービル、ジョンソン・エンド・ジョンソン、PGA（アメリカプロゴルフ協会）など、多数。

［訳者］

渋井真帆

株式会社マチュアライフ研究所　代表取締役社長。

1994年立教大学経済学部経済学科卒業。

都市銀行、専業主婦、百貨店販売、証券会社などキャリア模索を経て28歳のとき起業。

大手企業や金融機関に向けた人材育成、販売コンサルティングなどを手がけるなか、働く20〜30代女性にセグメントしたビジネス人材養成スクールを設立。彼女のセミナーを受講するには半年待ちと言われるほどの人気を集めている。

著書は、10万部を超えた『あなたを変える「稼ぎ力」養成講座　決算書読みこなし編』（ダイヤモンド社）をはじめ、『渋井真帆の日経新聞読みこなし隊』（日本経済新聞社）、『仕事心の育て方』（小学館）、『大人のたしなみビジネス理論一夜漬け講座』（宝島社）など、いずれもヒットを記録している。

http://www.womanf.co.jp

チャンスがやってくる15の習慣
Skill With People

2007年3月1日　第1刷発行
2007年5月22日　第7刷発行

著　者　レス・ギブリン
訳　者　渋井真帆
発行所　ダイヤモンド社
〒150-8409　東京都渋谷区神宮前6-12-17
http://www.diamond.co.jp/
電話／03·5778·7236（編集）03·5778·7240（販売）

Production team
翻訳協力　小山尚子
編集協力　玉置見帆
アートディレクター　丘山丈晴（i-corporation）
デザイナー　渡辺いずみ（i-corporation）
DTP・本文デザイン　新山耕作
版権ディレクター　浅川まどか（Diamond, Inc.）
製作進行　ダイヤモンド・グラフィック社
印刷　勇進印刷(本文)・共栄メディア(カバー)
製本　川島製本所
製作総指揮・編集　渡辺考一（Diamond, Inc.）

ISBN 978-4-478-77024-5

"For inquiries about this book in other languages,
please contact DreamHouse Publishing" @ chris@hgml.net